Abelha Rainha

*A nova liderança
de equipes pós-pandemia*

Editora Appris Ltda.
1.ª Edição - Copyright© 2022 do autor
Direitos de Edição Reservados à Editora Appris Ltda.

Nenhuma parte desta obra poderá ser utilizada indevidamente, sem estar de acordo com a Lei nº 9.610/98. Se incorreções forem encontradas, serão de exclusiva responsabilidade de seus organizadores. Foi realizado o Depósito Legal na Fundação Biblioteca Nacional, de acordo com as Leis nos 10.994, de 14/12/2004, e 12.192, de 14/01/2010.

Catalogação na Fonte
Elaborado por: Josefina A. S. Guedes
Bibliotecária CRB 9/870

C433a
2022
	Chagas, Raphael
	   Abelha rainha : a nova liderança de equipe pós-pandemia / Raphael Chagas.
	1. ed. - Curitiba : Appris, 2022.
	   74 p. ; 23 cm.
	
	   Inclui referências.
	   ISBN 978-65-250-3174-3
	
	   1. Pessoal – Treinamento. 2. Mentoria. 3. Capacitação de empregados.
	4. Coaching. I. Título.
	
	                                                    CDD – 658. 314

Appris
editora

Editora e Livraria Appris Ltda.
Av. Manoel Ribas, 2265 – Mercês
Curitiba/PR – CEP: 80810-002
Tel. (41) 3156 - 4731
www.editoraappris.com.br

Printed in Brazil
Impresso no Brasil

Abelha Rainha

*A nova liderança
de equipes pós-pandemia*

Raphael Chagas
DUQUE, COMENDADOR, ESCRITOR & MASTER COACH

FICHA TÉCNICA

EDITORIAL	Augusto V. de A. Coelho Marli Caetano Sara C. de Andrade Coelho
COMITÊ EDITORIAL	Andréa Barbosa Gouveia (UFPR) Jacques de Lima Ferreira (UP) Marilda Aparecida Behrens (PUCPR) Ana El Achkar (UNIVERSO/RJ) Conrado Moreira Mendes (PUC-MG) Eliete Correia dos Santos (UEPB) Fabiano Santos (UERJ/IESP) Francinete Fernandes de Sousa (UEPB) Francisco Carlos Duarte (PUCPR) Francisco de Assis (Fiam-Faam, SP, Brasil) Juliana Reichert Assunção Tonelli (UEL) Maria Aparecida Barbosa (USP) Maria Helena Zamora (PUC-Rio) Maria Margarida de Andrade (Umack) Roque Ismael da Costa Güllich (UFFS) Toni Reis (UFPR) Valdomiro de Oliveira (UFPR) Valério Brusamolin (IFPR)
SUPERVISOR DA PRODUÇÃO	Renata Cristina Lopes Miccelli
ASSESSORIA EDITORIAL	Renata Cristina Lopes Miccelli
REVISÃO	José A. Ramos Junior
PRODUÇÃO EDITORIAL	Rachel Fuchs
PROJETO GRÁFICO	Estúdio Calon
CAPA E DIAGRAMAÇÃO	Bruno Ferreira Nascimento
COMUNICAÇÃO	Carlos Eduardo Pereira Karla Pipolo Olegário Kananda Maria Costa Ferreira Cristiane Santos Gomes
LANÇAMENTOS E EVENTOS	Sara B. Santos Ribeiro Alves
LIVRARIAS	Estevão Misael Mateus Mariano Bandeira
GERÊNCIA DE FINANÇAS	Selma Maria Fernandes do Valle

*Aos empresários e líderes que constroem a cada dia a esperança
de transformar o nosso país. À eterna crença na capacidade do
pensamento crítico.
À solidariedade que aflorou em nós durante a pandemia.*

*Aos jovens e futuros líderes, meus amados
Isabela e Luiz Gustavo,
realizem seus sonhos e as mudanças que precisamos em nosso mundo que
ainda não conseguimos fazer.*

Prefácio

Conheci o Raphael Chagas no fim do segundo semestre de 2020, talvez o ano mais difícil da minha vida profissional de hoteleira, quando me vi em uma verdadeira situação de "guerra" contra a nova pandemia do coronavírus. Raphael não só é um ponto fora da curva, um brilhante profissional, cheio de sabedoria, como também se tornou um amigo de alma, próximo e querido.

Foi uma longa e valiosa jornada esse meu trabalho de *coaching* com o Rapha. Posso dizer que aprendi novos fundamentos de gestão, novas formas de contemplar meus pensamentos e organizá-los para, enfim, colocá-los em prática. Após esse trabalho, me sinto muito mais preparada para respirar, analisar e então fazer as minhas considerações, de forma mais ordenada e assertiva. E isso eu devo ao profissionalismo, às técnicas, às ferramentas que me foram ensinadas pelo Raphael.

Após esse momento intenso, aprendi também a fazer o exercício de ouvir mais, absorver conhecimento e não ficar obstinada em transmitir apenas o que eu sei. Aprendi a diferença entre comandar e ensinar. Aprendi a fazer do tempo um aliado e não um inimigo, com aquele eterno desconforto da agenda lotada de compromissos. Por fim, aprendi que tenho que fazer melhor o exercício político empresarial. E lá vou eu, com meus rituais e práticas diárias aprendidas, liderar minha equipe nesse admirável mundo novo pós-pandemia.

Neste delicioso e dinâmico livro, *Abelha Rainha*, você pode perceber que para muitos coisas você já tenha a tomada de consciência, mas que, diferente do processo da terapia analítica, o *coaching* e as dicas específicas do genial Raphael te fazem ser mais eficaz e assertivo nas tomadas de decisões do mundo corporativo.

Obrigada, Raphael, por me guiar e me preparar para esse momento atual. E não só por ter me transformado e aprimorado no âmbito profissional, como também em todos os outros campos da minha vida. A leitura, os exercícios e a vivência com o seu conhecimento foram fundamentais para que eu me reorganizasse para esse novo cenário, para essa nova vida. A minha equipe e minha família também agradecem.

Desejo para você, leitor, que esta preciosa obra seja transformadora e tão relevante, significante e valiosa assim como foi para mim.

Por **CRISTIANA KASTRUP CASTRO**

Apresentação

Abelha Rainha é o resultado de uma prática que aplico convivendo com empresários por 20 anos e, claro, empreendendo também. Relaciono nesta obra a arte de empreender como as abelhas, que na regência da abelha rainha, constroem uma colônia com planejamento, execução e resultados. Empresários e líderes que hoje formam suas colônias, por vezes solitários, por vezes com um exército de seguidores, em busca da realização de seu propósito de vida, encontrarão nesta obra pensamentos provocativos para efetivar o empreendedorismo e a liderança, o planejamento de carreira e as etapas para a construção de um legado, especialmente pós-pandemia do novo coronavírus, com uma nova sociedade estruturada.

Na condição de comendador pela educação que recebi em 2019 da ABL, escritor, mentor e master coach, o meu acesso aos líderes é diário, e o aprendizado em cada sessão é mútuo. A liderança é fundamental para guiar as pessoas, para inspirar, orientar e nutri-las. Mas também percebi que o começo desse ciclo está no mestre. Está no fundador. Está no empreendedor. No líder. Liderança é um ato maior que o cargo. É inspirar as pessoas e engajá-las no mesmo propósito: transformá-las. O legado é o resultado das verdades de seu idealizador, do exercício do pensar dos líderes (as libélulas negras) e a entrega de nossos colaboradores (as moscas brancas).

Se assim posso me autodenominar também um apicultor doméstico, crio em casa as adoráveis abelhas sem ferrão. E como essas companheiras ensinam! A maestria da abelha rainha em conduzir sua colônia para a continuidade de sua espécie, o crescimento da comunidade e a estratégia para atravessar o inverno. Grande parte de nossa alimentação vem de plantas e frutas que foram polinizadas por abelhas. O mel é substancial na vida das abelhas, e a arte da polinização é a principal tarefa delas. Abelhas se especializaram em cada tipo de planta. Sem as abelhas, nosso ecossistema entraria em colapso. Igual aos empresários: se ausentes de seu negócio, causam as rupturas. A verdadeira entrega pelo seu sonho e propósito, com a presença em seu negócio a cada dia.

Vou provocar seus pensamentos e suas verdades para que possa transformar a si próprio e influenciar o seu meio e a sociedade. Vamos permitir um novo olhar, um novo ângulo para cada cenário e reescrevermos novas relações profissionais após a transformação social e sanitária provocada pela covid-19.

Como tomar as melhores decisões? A difícil tarefa em liderar e empreender: tomar decisões. Nossas decisões impactam diretamente a vida de diversas pessoas que estão ao nosso redor ou mesmo estarão. Vamos explorar aqui os elementos que estruturam a tomada de decisão. Antes do *lockdown* mundial, estive na Índia, onde descobri o hinduísmo. Um país que tem quase 93% da população seguidora dessa religião chamou minha atenção. Ao estudá-la, encontrei a santíssima trindade: Brahma, Vishnu e Shiva. Cada deus com seu papel: criação, manutenção e findamento. Tudo na vida é criado, mantido e tem um fim. Todos estamos expostos a essas três passagens. Igual às abelhas que cultivo. Igual ao empreendedorismo e ao planejamento de carreira, todos temos a criação, a manutenção e o findamento (mesmo que o fim do ciclo signifique expansão em novas unidades, novas colmeias).

Como se tornar a abelha rainha? Como ser um novo líder para uma nova sociedade? Como ter sucesso em sua carreira? Como construir um legado? Como realizar seus fundamentos? Como construir a razão social?

Vamos descobrir nesse voo a última etapa da trilogia que escrevi: da nova forma de trabalhar, gerenciar pessoas e entregar resultados para si e para a sociedade, no cenário nascido pós-pandemia. Uma profusão de pensamentos e conexões para lhe oferecer uma nova perspectiva para a vida, para o trabalho e para a sociedade.

Aproveitem este estudo exploratório sobre a nova liderança!

Sumário

1	O que você vai ser quando crescer?	14
2	Revelando a sua identidade: a colmeia está viva!	20
3	Modelo de negócio	28
4	Pandemia e a nova liderança: a contínua formação	36
5	Coragem para ganhar dinheiro	44
6	Como se tornar a abelha rainha?	54
7	O novo empreendedorismo	60
8	Legado	66
9	Pensamentos reflexivos finais	72

1

O que você vai ser quando crescer?

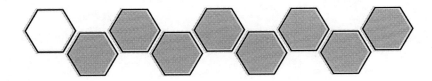

Das brincadeiras infantis à chegada à adolescência ouvimos esta pergunta: *o que você vai ser quando crescer?* Muito cedo temos que tomar decisões de carreira e de futuro. Escolas técnicas, vestibular e carreira. Qual seguir e o que realizar? Como será o seu futuro?

Vocação, do latim **vocacionar**, é uma palavra melhor reconhecida nesse idioma pouco usual. Significado: o que nos chama, o chamado, a entoação. Cedo ou tarde encontramos nosso caminho, nosso propósito.

Quanto mais cedo descobrirmos nosso chamado, mais direção e velocidade nas descobertas do caminho teremos. Por isso devemos estimular todas as possibilidades na infância e experimentar diferentes habilidades natas. Essa é a real importância da instituição escola, explorar as inteligências múltiplas. Aflorar o conhecimento e estimular a potência de nosso pensamento. Contribuir para a formação da razão social e revelar os nossos fundamentos. Razão social vai além do número CNPJ, ela é a razão pela qual edificamos nossas empresas para o bem social.

Quando crescemos descobrimos que a resposta para essa pergunta não é tão simples, e um dos elementos se chama carreira. Entendemos que precisamos de três competências fundamentais (*skills*) para a construção de nossa carreira profissional:

Hard skills:

competência do conhecimento técnico, da fundamentação teórica e da habilidade de execução. Todos nós temos a capacidade de aprender tarefas e executar processos. O tempo de exposição e as orientações para a prática melhoram a habilidade de realizarmos as ações, e assim aprimoramos nossa competência. No ambiente profissional encontramos o estímulo para essa competência em: treinamentos operacionais, leitura de manuais e roteiros de trabalho. Exercícios acadêmicos, como exemplo, as universidades complementam as competências *hard*.

Soft skills:

competência da abrangência do comportamento, da disciplina, da construção de relacionamentos e das políticas corporativas. Essa competência é diretamente associada à nossa capacidade de convivermos e nos relacionarmos com as pessoas. Ativamos o campo dos relacionamentos, da interlocução, da inteligência interpessoal e intrapessoal. No ambiente profissional encontramos o estímulo para essa competência na inteligência emocional, sessões de *feedback* e *workshops* como ferramentas de desenvolvimento, avaliações de desempenho e exercícios de comunicação.

Essential skill:

competência conectada à nossa essência. Revela o nosso talento, a atuação natural de nossa forma de ser, a vocação, a habilidade nata e o propósito. Integramos aqui nosso gosto e apreço por tarefas e causas. Sentimento que não estamos trabalhando, e sim realizando. No ambiente profissional encontramos o estímulo para essa competência nas ferramentas: mentoria e *coaching*.

A soma desses três pilares corrobora a construção da base da identidade profissional de cada um. Pode ser estruturada no planejamento de carreira e nas decisões de empreender e liderar. A maturidade de reconhecer as habilidades e competências irá acelerar o tempo para a realização. Com o decorrer de nossas trajetórias profissionais, as competências se revelam e se afloramos em outras que desconhecíamos. Hora de olharmos para dentro e para fora, compormos ações, prazos e entregas para o seu próximo passo, e atribuirmos a cada momento novas competências de gestão, integrando em seus fundamentos o exercício de sua razão social. Assim você poderá confrontar seu estado desejado na infância com seu estado atual adulto.

Me responda:

Você conseguiu *ser* quem você pensou quando criança?

De estagiário para analista efetivo. Coordenador para gestor, diretor e CEO. Dono. Você pode realizar aquilo que você tem em sua essência. Revele-se!

VENDA DE EMPREGOS: VOCÊ JÁ COMPROU O SEU?

A transformação política, econômica e social que passamos na década de 2010-2020 fez surgir uma prática que chamo: a compra do emprego.

Fomos marcados pelo desemprego e recordes de demissões, falências e talentos sendo acomodados em *home offices*. Transformação digital, a migração para a área de tecnologia, fazer mais com menos. Ainda mais acentuados após a pandemia da covid-19 em 2020 e 2021.

Parte das indenizações trabalhistas que vieram nessa transformação e o acesso aos empréstimos bancários convergiram para um seguimento em crescimento: o empreendedorismo. As rupturas de carreira promoveram a aposta no sonho de ser dono de seu negócio. Já parou para pensar o que isso significa em nosso mundo trabalhista? **Podemos comprar nosso emprego!** E receba essa informação da melhor forma. Uma possibilidade do mundo contemporâneo! Da pipoca *gourmet* e dos churros veganos para o motorista de aplicativo, da ótica *fashion* ao sapatênis, da imobiliária virtual para o banco sem filas.

Modelos novos de negócios preenchem nossos aplicativos nos celulares e chegam em nossas vidas por meio de licenças, franquias, representação e distribuição. A venda porta a porta moderna: canais *on-line*, produtos *instagramáveis* sendo vendidos pelos *youtubers* e o crescimento da logística da entrega em casa. Consumo presencial, virtual e experiencial. Uma cadeia nova de produção, logística, entrega e consumo. De todas as novas formas, podemos afirmar: sou dono do meu próprio negócio! Proprietário! "Vou fazer o que sempre tive vontade!", "Vou fazer tudo que meu *chefe* não fez!".

Saímos da necessidade de trabalhar pelo dinheiro e começamos a trabalhar por nosso propósito. E com ele os riscos: facilidades de empréstimos, crédito pré-aprovado e parcelas sem fim. Surge a relevância primordial: a importância para trabalharmos com mais propósito (além do dinheiro!). Uma palavra antiga e tão usual: PROPÓSITO. Nosso conjunto de crenças, nossas verdades, nossa força motriz. Nossa entoação. Nosso amor.

Assim chegamos aqui.

A vida adulta, em que operárias se tornam princesas. E essas princesas em rainhas. Soberania, responsabilidade e coletivismo.

Conquistamos nosso espaço empresarial. Compramos nosso emprego. Viramos donos de nossos caminhos. As decisões são tomadas por nós e as responsabilidades surgem com as devidas consequências.

Não podemos voltar no tempo e rever os caminhos e as escolhas que fizemos. Mas podemos tomar novas decisões e direcionar nosso trabalho e nossas ações para nossas verdades. Vamos refletir sobre esses aspectos para elevarmos nossa qualidade nas tomadas de decisões.

Confronte suas verdades e crenças.

Pense nessas perguntas.

A liderança é um voo solitário?

Quem tem sócio tem patrão?

Você deve confiar seu dinheiro em outras pessoas?

Como manter o foco e a persistência?

Liderança: prisão ou libertação?

Qual é o tempero que nos motivará a continuar?

Mas em que eu me tornei?

Qual é a minha posição hoje?

O reflexo do seu espelho é aquela criança?

Você se tornou aquilo que sonhava?

2

Revelando a sua identidade: a colmeia está viva!

    A primeira decisão de uma abelha rainha em sua colmeia é eleger uma abelha princesa. Uma guardiã que poderá voar e fundar uma nova colmeia, garantindo o legado e a continuação da espécie. Todo o esforço precisa de suporte. Todo o findamento precisa da criação. Alguém que possa manter, expandir e multiplicar. Engenharia de carreira. Ou como disse um *guru* para mim na Índia: "Brahma é a criação. Todos os dias a vida se cria. Todos os dias temos a oportunidade de renascer".

    O trabalho nos ensina a arte da disciplina, o foco em resultado e o exercício da ambição do próximo passo (nas multinacionais ouvimos: qual é o seu *next step*?). Nessa avalanche de regras e condutas, unimos os propósitos pessoais e empregatícios, e com isso perdemos algumas coisas, alguns amigos, relacionamentos e posições. E também descobrimos como podemos carregar novos sonhos e um propósito organizacional que vibra com o que acreditamos. Assim impérios foram erguidos, assim vivenciei em minhas passagens por Walt Disney World Resorts, Marriott Hotel, Nestlé Nespresso e Hotéis Fasano. Em meus projetos na Johnson & Johnson, no Mania de Churrasco, na Casa Bauducco, Rei do Mate, Hilton São Paulo Morumbi, Hotéis Le Privilège e tantos outros amigos que abriram suas portas para mim. Percebi a relevância que esse planejamento de carreira tem na vida da empresa. Quantas pessoas sustentam sua família com seus empregos, e quantos conseguem transformar o emprego em projeto de vida?

    Grandes objetivos, carreiras gloriosas e sacrifícios. O novo cenário após a pandemia empurrou todos nós para validarmos nossos projetos de vida de forma massiva. Estamos todos em busca dessa parte que falta, ou como chamo *the missing piece*.

Descobri com empresários o valor grandioso da realização. A exemplo dos amigos do restaurante Nino, do belo projeto nos jardins Casaria São Paulo, Barolo, Chez Claude, no K Hotel em Goiânia, no Hospital Alemão Oswaldo Cruz, Hospital Hcor, Flytour, Belliotica, e nos grupos de mentoria que promovo.

Ressalvo aqui aprendizados dessas mulheres e mestras que marcam minha vida:

Daniela Gontijo, *head* da Louis Vuitton Américas, quem prefaciou meu livro *Libélula Negra*, me mostrou a relevância de desenvolvermos nossas habilidades.

E agora **Cristiana Kastrup Castro** me ensinou que devemos preservar o bem mais precioso: as relações humanas. Somos guardiões de nossos patrimônios vivos.

Com isso, a década de 2010-2020 é marcada pela valoração dos pequenos negócios aos olhos da sociedade. Dos pequenos passos e aos grandes movimentos. Quem não viu na pandemia o *slogan*: "compre no negócio local". Orgulho e garra nascem em equipes de uma pessoa só. A reputação dessas empresas é classificada pelo cliente como cinco estrelas! Tanto quanto as grandes multinacionais. Não está no tamanho da empresa, mas na grandiosidade dos fundamentos de cada pessoa.

Fato: o propósito (fundamento) está no fundador e na sensibilização de suas equipes. Quando isso acontece, não importa se estamos na Disney ou em Ribeirão Preto, na Suíça ou em Louveira, no Rio de Janeiro ou Curitiba. A vida vibra, a engrenagem gira, e a gestão começa a ganhar forma, seguidores curtem e resultados aparecem.

Ponto de cuidado: não crie expectativas de colher aquilo que você não plantou. O trajeto de outras pessoas, profissionais que te inspiram, não foi plantado por você e não é o seu caminho. Referências são importantes, e viver em meio a sementes boas não o fará melhor. É necessário agir, plantar. As sementes precisam ser boas, o solo precisa ser fértil, a irrigação adequada e a temperatura apropriada. Ou seja, os resultados serão a última etapa do processo em que o tempo será o principal elemento de ganho da experiência, do aprendizado. Por isso a importância de se comprometer com a causa da transformação e estimular a todo momento seus fundamentos. Criação da cultura. A cultura aproxima pessoas, conecta os pensamentos e as pessoas, revela as atitudes coletivas e exerce influência sobre o meio social, e assim realizam a sua razão social.

A razão social tem o poder de transformar as pessoas.

Enquanto líderes temos a responsabilidade de TRANSFORMAR as pessoas. Transformar é maior que mudar uma pessoa. É maior que moldar comportamentos. É alimentar as pessoas com seus fundamentos. Fazê-los guardiões.

Pensamento crítico

Observe e reflita sobre os 10 pontos para a estruturação da nova liderança, de dentro para fora:

01 ESTABELEÇA SEU PROPÓSITO ORGANIZACIONAL

Missão, visão, valores, sonho, propósito, crenças e fundamentos. Inúmeras palavras para definirmos a razão de existir de seu negócio.

Quando não temos, observamos os seguintes pensamentos: Não existem pessoas qualificadas. O mercado está cheio de pessoas medianas. As boas eu não consigo pagar.

02 COMUNIQUE EM CADA INTERAÇÃO SUA VERDADE

Reuniões, quadros de avisos, mensagens no celular, app. Em toda oportunidade, comunique sua forma de ver e gerir.

Quando não temos, observamos: grupos paralelos no WhatsApp, área cega na sua gestão, e vista grossa para pequenos delitos e indiscrições; afinal melhor um na mão do que dois voando.

03 CRIE CANAIS DE TROCAS COM SUAS MOSCAS E LIBÉLULAS

Transparência e agilidade melhoram a qualidade da gestão e da execução. Trocar informações e ouvir se torna fundamental.

Quando não temos, observamos: elementos sabotadores — falta de inovação e processos mais burocratizados, "já que ninguém faz, eu que não vou fazer".

04 CONSTRUA O CAMINHO DO DESENVOLVIMENTO PARA SEUS COLABORADORES

Elaborar os caminhos previstos, a escada do desenvolvimento. Qual é o próximo passo de cada colaborador? Qual caminho devem percorrer?

Quando não temos, observamos: arrimo familiar — suportar a família, tolerar incapacidade e contratar as pessoas da família que não vão te levar para onde sua empresa precisa.

05 MOSTRE AS REGRAS E OS LIMITES DESSA JORNADA

Avaliações de desempenho, mensuração da produtividade, premiações e desafios intelectuais.

Quando não temos, observamos: cada área tem uma regra, uma forma de gerir. Várias empresas dentro de uma. Descobrimos isso da maneira mais cara: quando o cliente reclama.

06 DINAMISMO DIÁRIO DA TOMADA DE DECISÃO

Decisões serão tomadas por todos a todo momento. Descrição de cargos pode te ajudar a compor a senioridade das decisões para cada posição. Treinamentos podem ajudar a capacitar as pessoas para tomar as decisões.

Quando não temos, observamos: decisões ruins e onerosas. Alavancagem e crescimento dos empréstimos bancários.

07 MONITORIA E SISTEMAS DE JUSTIÇA NA GESTÃO

Acompanhar os resultados, estabelecer metas e compartilhar os avanços. Justiça se demonstra todos os dias. Dar a possibilidade de cada membro do time saber onde está em sua produtividade.

Quando não temos, observamos: equipe frustrada, pois trabalha muito e ganha pouco. Enquanto isso, o dono da empresa troca de carro. E logo o dono da empresa faz a instalação de câmeras em todos os lugares que puder, promove caça às bruxas e a condenação de um colaborador em praça pública para servir de exemplo quando rouba a empresa.

08 RECONHEÇA AS MELHORIAS

Mais do que o colaborador do mês, é preciso estar presente e ativo acompanhando a evolução do time, criando estímulos para a maturidade das decisões. Estímulos geram engajamento. Engajamento gera fidelidade. Reconhecer todas as melhorias.

Quando não temos, observamos: "esta colaboradora nos deixou, pois a concorrência paga melhor, e não podemos cobrir a oferta."

09 TREINE SUA EQUIPE

Somos uma escola, formamos as pessoas e estimulamos o pensamento crítico em cada profissional.

Quando não temos, observamos: abandono intelectual. Você não está mais estudando, participando de convenções e renovando seu olharem em cursos e palestras. E se você não vai mais à escola, como ter a expectativa que seu time o faça? "É obrigado a participar desse treinamento?"

10 ENCONTRE A ABELHA PRINCESA

Sucessão e crescimento. A manutenção está na capacidade de ampliarmos a abrangência de gestão. Ter mais pessoas que vibram e acreditam como você.

Quando não temos, observamos: seu celular não para de tocar. A descoberta da ilusão que tínhamos certeza que trabalharíamos menos e ganharíamos mais. Afinal de contas, quando éramos empregados acreditávamos que o dono da empresa é quem estava enriquecendo enquanto dávamos duro na lida diária. Exaustão: "quero vender tudo! Chega!"

3

Modelo de negócio

Quando comecei a criar abelhas em casa, descobri que as abelhas com ferrão constroem favos de mel, e as abelhas sem ferrão constroem potes de mel. Modelos diferentes. Formas diferentes. Abelhas diferentes. Mel diferente. Abelhas sem ferrão não construirão favos.

As empresas também têm modelos diferentes de enquadramento. Líderes constroem modelos de gestão diferentes.

Ponto de alerta: a empresa que você acredita só existe na sua cabeça!

Sua empresa precisa se materializar no modelo de negócio que propiciará que ela exista de forma integral. Ter um propósito forte também pode te afastar da realidade. Pode deixá-lo preso num universo de idealismos e expectativas. Com o passar do tempo, indignação com o sistema e frustração com a sociedade podem aparecer. E se você optar em acreditar nessa fotografia, chegará à conclusão que deveria ter continuado sua carreira na empresa em que estava. E terá dificuldade em formar uma equipe, ter seu exército de abelhas operárias, pois não compreendem o que se passa em sua cabeça.

Não caia nesta! Por isso líderes fazem *coaching*, mentoria e sessões de aconselhamento. Para ajudar a realizar suas metas de forma efetiva e planejada. Diminuir as vaidades sentimentais da criação do negócio. Mensurando as etapas e validando a cada momento a qualidade das decisões.

Boas decisões trazem resultados mais rápido. A velocidade será importante para lidar com o crescimento e com as adversidades.

> *"Não ame.*
> *Não sinta.*
> *Faça.*
> *Apenas faça o que seu lado lógico sugere.*
> *Esquive-se das vontades sentimentais.*
> *Esquive-se de tal fraqueza de espírito!*
> *Assim tornar-se-á o além-do-homem!"*
>
> **(*Assim Falou Zaratustra* — Friedrich Nietzsche, 1898)**

O modelo de negócios é fundamental para a estruturação da gestão e a realização, para o fazer. Divido-o em três modelos de sucesso. Cada um com sua característica e sinergia com o fundador e as equipes. Pense qual modelo você acredita e qual mais se assemelha com seu campo de atuação. Não existe um modelo melhor. Existe o modelo que realiza o seu propósito da forma mais ampla e integral.

1. Modelo societário:

Pessoas se unem e fundam seus propósitos. Até mesmo colaboradores que ao longo do tempo se tornam eletivos e são portadores de um percentual da empresa, assim temos um exército de donos. Um modelo fortalecido no final da década de 2010-2020. Percebemos também que nem todos estão prontos para serem donos, mas é uma forma usual de reconfigurarmos o engajamento e o modelo de contratação. Assim todos podem exercer o "pensar como dono". Ter sócios é compartilhar as ideias e a tomada de decisão, e não apenas ter um investidor para financiar, promovendo o extrativismo.

2. Modelo hierárquico:

Por meio de um organograma, temos um modelo de negócio com hierarquia, estruturas de poder e comunicação e a instalação da engenharia de carreira. Do estagiário para o presidente. Um modelo que permitirá que os colaboradores possam trilhar uma carreira de sucesso. Ele prevê etapas e o desenvolvimento escalonado. Prazos e ações orquestrados para o cumprimento dos objetivos e para a realização do propósito.

3. Modelo compartilhado:

Chamamos de *business partners*, ou parceiros do negócio. Como exemplo, motoristas de aplicativo, agências de consultoria e até escritórios médicos e advocatícios. Todos são PJ, autônomos, atuam por projetos e causas focais. Atuação enérgica e entregas sólidas. Porém, com data de validade. Ou até que venha um próximo projeto. São autônomos na forma de executar e têm velocidade na entrega. Conectam-se com facilidade e têm a senioridade necessária.

Além da configuração do modelo de negócios, vamos considerar o momento em que cada negócio se encontra. Utilizo a estrutura do pensamento indiano:

A CRIAÇÃO

Novo negócio, a inspiração para a carreira. A criação de um novo projeto, de uma nova decisão, de abrir a empresa, ou mesmo de expandir para uma nova área. Percebemos um alto engajamento, horas de trabalho e produtividade elevada. Ansiedade em viver o amanhã e colher os resultados. Aparecimento de conflitos entre o que está em sua cabeça e a realidade.

A MANUTENÇÃO

Crescimento, inovação e consistência. Projetos maduros e núcleos de atuação definidos. Crescimento orgânico, mais pessoas, resultados e metas entregues e novas ideias para soluções que descobriu pelo caminho.

O FINDAMENTO

Venda do negócio, criação de um negócio, expansão, franquias e novos modelos replicáveis. Fechamento do ciclo para solidificar o negócio. Valorização da empresa, chegada de um CEO, fusões e aquisições. Também a possibilidade da falência, de quebra, de acabar com a empreitada, aprender os erros e recomeçar.

Para cada voo, um novo ângulo de ver as coisas, e novas verdades surgem.

Para cada volta, um recomeço.

E para cada recomeço, a criação.

A criação está fundamentada no propósito.

A RAZÃO SOCIAL E A PEDRA FUNDAMENTAL DA NOVA LIDERANÇA

Estou seguro que você já ouviu o termo razão social. Utilizei-o aqui em algumas passagens. O termo é conhecido pelo registro legal de sua empresa e o número de CNPJ atrelado a ele. O que significa razão social? Quando estive no Egito, especificamente em Guiza, nas milenares pirâmides, reconheci o sentido do termo razão social. Me explico. Todo monumento arqueológico tem uma **pedra fundamental**. Um marco que identifica onde está, por que está ali e quem o criou. Literalmente é uma pedra, encravada com essas informações. Era a única ferramenta disponível naquele tempo para registrar os fundamentos e princípios daquela edificação em que aquele ciclo social iria se reunir. Assim, o propósito central daquela obra ficaria visível a todos e aproximaria aqueles que acreditavam nos fundamentos ali marcados. Nesse contexto surgiu a razão de querermos viver em sociedade. De termos uma razão social que nos une. Edificarmos nossos fundamentos e realizarmos nossa razão, aquilo que nos move. De uma certa forma chamamos isso de propósito. Desde aquela época reconhecíamos a importância de vivermos em sociedade. Somos seres sociáveis, pessoas precisam de pessoas. Vivemos em sociedade. Em coletivismo. Como as abelhas, que se tornam mais fortes no enxame. Por isso a nova configuração de empresas como Ifood, Uber, Nubank e Airbnb ganhou notoriedade. Empresas de uma pessoa só, mas com razão social, estrutura trabalhista e coletivismo.

Uma competência a ser utilizada na construção da razão social: a **colaboração**.

Devemos estimular habilidades individuais e os impactos no ambiente em que estamos inseridos. Promovendo pensamentos e soluções de ordem coletiva, pois suas responsabilidades são agora compartilhadas e interdependentes.

Para chegarmos ao colaborativismo, precisamos olhar para os pontos de desenvolvimento individual: negociação, resolução de conflitos, concordância no que é preciso realizar, distribuição de tarefas, ouvir as ideias dos outros.

Devemos permitir que as pessoas possam tomar decisões substanciais, importantes, por meio de discussões e que troquem *feedback* entre elas, não apenas a sessão formal hierárquica de *feedback*.

Trabalho colaborativo é gerar interdependência.

Cuidado com a departamentalização que não gera interdependência. Exemplo: quando temos cinco pessoas no trabalho e só duas fazem a ação, porém todos vão apresentar como se tivessem feito juntos. Esse cenário que vivemos na escola e presenciamos em nossas equipes é responsabilidade da gestão, que não explorou todos os participantes no desenho da tarefa.

Definição objetiva da colaboração:

1. Trabalho coletivo, duas ou mais pessoas.

2. Colaboradores efetivam responsabilidades compartilhadas.

3. Efetuam decisões subsistências em grupo.

4. Trabalho ocorre de forma interdependente.

Pensamento crítico

Não se aprisione no sistema.
Seu pensamento molda a sua realidade.

Liberte-se.
Provoque-se. Permita-se.

Agora pense:

Qual é a sua real razão social?
Qual é a função de seu negócio ou de sua liderança?

O que você quer promover e incentivar?

Qual é a sua tese?

Como ser coletivo e colaborativo?

Em que estágio está a sua carreira?

Em qual modelo está inserida?

Como você pode transformar sua carreira?

Você comprou seu emprego?

Como o colaborativismo está inserido em sua rotina?

4

Pandemia e a nova liderança: a contínua formação

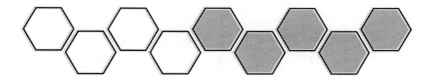

    As abelhas sofrem com o vento, a chuva, o sol e a ação do homem quando remove suas colmeias. Todos esses cenários são esperados e orquestrados pela abelha rainha e por suas princesas. É um dever eliminarmos o fator surpresa e estarmos prontos para o que fuja do nosso controle. Assim garantimos a sobrevivência. A isso chamo de gestão integral. Um modelo de gestão que integra fundamentos, pessoas, processos, resultados e realidade. Com o uso das competências de liderança.

    No final de 2019 e ao longo dos anos de 2020, 2021 e 2022, vivenciamos a pandemia do novo coronavírus (covid-19). Um confronto mundial da saúde humana contra a pandemia. Prioridade: a vida e a ciência, investimentos em pesquisa e educação da população. A pandemia tem como característica ser uma enfermidade amplamente disseminada.

    Um dos significados da palavra enfermo é: de difícil cicatrização. Exato momento que passamos. Difícil cicatrização na perda de vidas. Perda de dinheiro. Perda de rotinas. Perda de empregos. Perdas.

    Vivemos com ansiedade, projetando no futuro o efeito milagroso da cura. O efeito do sucesso. O efeito viral. Distanciamento social, ressignificar sua relação com as pessoas, com o dinheiro e novos hábitos de consumo, e por fim o autoconhecimento.

    Fator-chave do controle: educar as pessoas. Sensibilizar as pessoas. Criar novos hábitos e rotinas. Ensinar. A esfera comportamental (*soft skills*) mais uma vez foi o fator de peso no sucesso. Da mesma forma em nossas carreiras e em nossas organizações.

A formação é contínua, a sensibilidade é diária, criar hábitos e rotinas é nossa batalha. Entender suas emoções primárias e gerir seu tempo para escolher seus pensamentos, suas ações e, por consequência, atingir resultados. Aos gestores de pessoas, dedicar mais tempo às pessoas do que aos processos, dedicar mais tempo a reconhecer as emoções nos outros do que o valor das pessoas na produtividade da meta. Essa é a fórmula para criar engajamento. Com isso teremos as vendas e os resultados.

Quando éramos crianças e tínhamos que responder aquela pergunta: *"o que você vai ser quando crescer?"*, estávamos organizando nossos sonhos e nossa carreira, sempre preocupados com o que iríamos estudar. Da lição de casa que a escola passou para a orientação vocacional. Da escola técnica ao bacharelado. Observei que nossos empresários, com o advento da internet, das redes sociais e com o acesso à informação, afastaram-se dessa preocupação. Não vemos mais empresários na escola. Há evasão dos mestres e doutores. Por um momento, percebemos uma elevação dos MBAs, produto criado pela *geração Y* para encurtar o exercício acadêmico.

Mesmo este não se revelou na quantidade de alunos como poderia ter.

Empresas suprem essa necessidade com convenções, *workshops* e capacitação. Estimulam a necessidade do saber e da provocação das ideias para diminuirmos os elementos surpresa. Na condição de palestrante, escuto com frequência os cochichos na plateia *"que horas que acaba?"*, *"sou obrigado a fazer esse workshop?"*, *"tenho que ir embora mais cedo, tenho um compromisso..."* Fato: conforme ganhamos experiência no trabalho, na prática, o interesse em descobrir o novo diminui. Até por que quando éramos jovens, tínhamos que aprender muito de como o mundo funciona. Hoje temos convicção que já aprendemos tudo sobre o mundo. *"Eu já sei como isso vai acabar..."*

Aqueles que se consideraram eternos aprendizes transformaram essa década. E é nesse momento que surgiram as organizações exponenciais, os líderes servidores, os pensadores, as moscas brancas, as libélulas negras e as abelhas rainhas.

O que todos eles têm em comum? Um exército de seguidores que suportam as provocações intelectuais, que têm autonomia para tomar boas decisões. E todos se encontram no ponto da criação: o propósito coletivo.

"O primeiro método para estimar a inteligência de um governante é olhar para os homens que tem à sua volta."
(O Príncipe — Nicolau Maquiavel, 1513)

A educação contínua será a chave do exercício intelectual e a provocação das verdades construídas na prática diante das teorias estudadas.

Como vimos no livro *Libélula Negra*, a escada da liderança revela que temos um ciclo a cumprir e que os ciclos têm findamento. Do findamento à criação. E para cada ciclo, estudar.

Na condição de duque e comendador, mérito de honra que recebi de um conjunto de políticos da Câmara de Veadores de São Paulo, militares da academia de polícia de São Paulo e empresários da cidade por atuar em minha carreira defendendo as iniciativas de educação e formação profissional, é meu dever estimular a educação formal, o exercício acadêmico e a pesquisa científica. As associações e o empresariado devem converter esse saber em academia. Essa é a semente para o legado.

Academia é o ambiente em que exercitamos nossas competências. Na engenharia de carreira, construímos um caminho pela educação formal e constituímos um momento crítico para o pensamento que está em constante transformação.

Nas empresas, o processo é reconhecido pela integração e pelos programas de capacitação. Moldar padrões e trazer uma normalidade para as rotinas. Porém o exercício que é desejado nessa academia é a expansão do pensamento. O exercício pleno das verdades individuais unidas pela razão social. E o encontro com seus ideais. A isso chamamos de inovação. A inovação vai além de criar novos produtos e soluções, é resgatar aquilo que é mais valioso dentro das pessoas: o talento.

ADMINISTRAÇÃO DOS TALENTOS NO SÉCULO XXI

Para esse novo modelo de gestão que estamos definindo no *talent management*, encontramos na gestão de talentos um pilar de força. As entrevistas de emprego se tornam mais uma vez um passo assertivo, relevante e de ganho de clareza do cenário. Não pode ser feito com pressa, com julgamentos e sem estrutura.

É preciso explorar na entrevista as competências (*soft, hard e essential*) e qualificar melhor o mapeamento dos candidatos. Incluir seu estilo de vida e crenças pessoais fortalecerá a conexão com sua pedra fundamental.

AS NOVAS HABILIDADES DA LIDERANÇA DO SÉCULO XXI

Também chamadas de *21st century skills*, as competências do século 21 revelam o caminho para desenvolvermos serenidade para o *insight* e a qualificação na tomada de decisão. Vamos conhecer os seis blocos:

1. Resolução de problemas e inovação: encontrar os problemas e as soluções e a sua lista de produtos para a solução dos problemas. Inovar e se adequar às necessidades que surgem a cada dia.

2. Atenção global: a velocidade que a informação percorre, a capacidade de armazenamento de informações efetiva, a nossa necessidade de considerar a atenção global, uma vez que estamos conectados. O que acontece em outro país me impactará diretamente.

3. Comunicação habilidosa: precisamos desenhar prover uma comunicação mais efetiva com os recursos tecnológicos. Vamos romper algumas barreiras da educação: falada, escrita, visual, virtual ou múltipla. Expansão da comunicação não apenas centrada no locutor e receptor, mas sim na potência de sua conduta. Autorregulação e autoavaliação: avaliar o cenário em que vivemos e termos clareza de que forma reagimos ao sistema, isso se chama autorregulação. Estimule sua regulação. Ao perceber os impactos desse ato, encontramos a avaliação. Olhar no espelho e ver o que realmente sou.

4. Construção do conhecimento: sua vivência e experiência de vida se formam a cada dia. O mesmo acontece em sua gestão e na sua empresa. Precisamos construir o saber, registrá-lo e ecoar tudo isso.

5. Colaboração: devemos estimular habilidades individuais e os impactos no ambiente em que estamos inseridos, promovendo pensamentos e soluções de ordem coletiva, pois suas responsabilidades são agora compartilhadas e interdependentes.

Pensamento crítico

Estamos preparados para essas habilidades?

Precisamos transformar todas essas habilidades em atividades de trabalho por meio de múltiplas metodologias de ensino. Por isso, devemos manter nosso aprendizado eterno, rever nossas verdades e experimentar amplas possibilidades de realizar.

No seu trabalho, você reconhece as habilidades e os espaços para realizá-la?

Você conhece suas habilidades? Qual é a sua habilidade de maior força?

5

Coragem para ganhar dinheiro

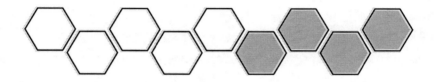

Quando decidimos ser donos, pensamos: agora eu vou ganhar dinheiro! Agora eu vou ter tudo que meu chefe tinha e conquistou com o meu suor!

Quando decidimos concorrer a uma vaga de gestor ou diretor, pensamos: agora é a minha vez! Preciso desse reconhecimento! E da grana também!

O dinheiro tem um simbolismo maior que a riqueza em si. Ele reflete o mérito, o desafio e a conquista. Vencer. Subir ao pódio. E claro, além disso, usufruir da fortuna e dos confortos que o dinheiro traz.

Por isso pessoas e equipes se engajam: não pelo dinheiro, mas pela coragem que ele provoca em cada um.

Coragem, uma palavra que reflete um turbilhão de sensações. Ganhar dinheiro requer coragem.

Coragem para:
Realizar um plano estratégico (business plan);
dizer muitos nãos;
ouvir muitos nãos;
contratar melhor;
distribuir melhor;
ensinar mais.

As empresas transformadoras, as geradoras de mudanças, os líderes da transformação estimulam a coragem em seu time. Estimulam a audácia. A verdade. O confronto. A inquietude. Não aceitam as coisas como estão. Somos sábios para pensar em nós mesmos e inteligentes para mudar o mundo.

E com a coragem, os boletos começam a chegar. Todos juntos. Malabarismo financeiro, conflito entre sonho e realidade. Engajamento e exaustão.

Mais contas aparecem e o dinheiro cada vez mais distante.

Até para desistir e aceitar o findamento é preciso de coragem.

A coragem nasce do confronto entre idealismo e realidade.

A coragem é um sentimento fortalecido pelo coletivismo.

Precisamos resgatar nossa necessidade de vivermos em sociedade e empoderar e dar coragem a todos para realizarem aquilo que fazemos com amor.

Estimule a coragem.

Oferte sinais visíveis de encorajamento para que os outros saibam que podem realizar sua razão social.

Não se cale!

Estimule a vazão dos pensamentos. Somos fonte inesgotável do pensar. Quanto mais colocarmos para fora, mais sairá. Esvazie-se. O silêncio permite a organização dos pensamentos. Não se cale!

As decisões que você evita de tomar.

Comande a provocação dos pensamentos e tome as decisões que você tem evitado. Não decidir não irá resolver, irá apenas prorrogar e aumentar a dificuldade de solução.

Apenas você poderá lutar por seu dinheiro, por sua coragem de construir um patrimônio melhor. Não espere isso de seu líder, de seu sócio. Essa batalha é sua!

Pensamento crítico

Seis críticas para provocar o pensamento do empreendedor e novo líder pós-pandemia (recomendo uma bela taça de vinho ou um chá revigorante para esta imersão):

Jesus.

Bulsara. Platão.

Thatcher. Frankl. Zumbi.

Narciso. Ganesha. Mandela.

Davi. Golias. Franco. Temis.

Marielle. Jamelão. Paulo Gustavo.

Todos prisioneiros e ao mesmo tempo todos livres. Agora assistimos à decadência do valor simples das coisas, a vida monetizada, e passamos pelo distanciamento social. Somos prisioneiros. E foi exatamente assim que Nietzsche chorou. Quer voltar ao normal? Pense bem. Pensar será o diferencial em tempos de pasteurização, de personalização extrema e de fugacidade das coisas. Agora a responsabilidade substitui a utopia, e a argumentação a imposição. Contra o conformismo e a passividade num processo sem sentido à vida até a construção da indignação moral. Séculos depois revivemos *Malleus Maleficarum* e a justiça permanece cega. O amor líquido escorre entre os dedos e buscamos o sentido da vida. O sentido do trabalho. O sentido do dinheiro. Descobrimos que o sofrimento é uma forma de encontrá-lo. E o sistema é a prisão. E você se tornou escravo dos seus pensamentos.

Vamos nos libertar? Construa o pensamento livre. Liberte-se da prisão sistêmica.

Crítica 1
DEUSA TÊMIS: O PODER DA VISÃO

Deusa e grega. Vendada e com o poder da visão cósmica. Enxerga o que ninguém vê. Justiça? Não. Juramentos? Sim. Guardiã dos votos e da lei. Afinal de conta, aos olhos da lei somos todos iguais. Precisamos de mais olhos. O terceiro olhar. A meditação pode ajudar. A fé pode erguer impérios. Acreditar no que os olhos testemunham. Supervisor. Visionário. Como viver com o poder da visão e um reino de cegos, que seguem o rebanho? Que condicionados, limitam suas verdades em seu universo particular. O que você quer ver? Como quer ser (re)conhecido? Que futuro enxerga? A honra confrontada e o juramento diluído, os pilares cósmicos de nossa crítica social. Voz aos mudos, o clamor, o chamado e a luta. E por fim o silêncio que ecoa com cada pancada do martelo das feiticeiras. Chegamos ao fim dos tempos. Tempos hipermodernos. E para cada volta, um recomeço.

Crítica 2
O REMÉDIO DE SEUS MALES E OS BENEFÍCIOS DE SEUS INCONVENIENTES

O poder, o saber e o fazer. O tripé que balança o berço é a mão que governa o mundo. A dependência do remédio e os seus males que se transmitem em forma de pandemia e dor.

Perdas. A cicatrização social e o ardor do remédio ao ver o amor empilhado a sete palmos. Aprendemos a lidar com o poder para aceitarmos as consequências da vida. E com a política que a voz do povo é a voz de Deus. Alienação é um benefício, não lidarmos com os enfrentamentos é um esparadrapo em nossas feridas. Sabedoria. Distinguir quais lutas entramos e quais livros vamos ler. Foco no que tem apreço em realizar, não no que é possível fazer. Chega de limitação intelectual! Chega de fazermos o mínimo necessário. Empoderar os pensantes e exterminar os melindres.

O remédio é amargo. O veneno é a quantidade. Qual é a dose que precisamos?

Crítica 3
PARTILHE O PÃO E NÃO COMPARTILHE

Jesus deu o pão. Não compartilhou.

Na partilha encontramos a doação. Dividimos tudo por todos, o sentido da colaboração e voluntariado. Ao compartilhar, você sempre ficará com um pedaço. Quando retemos um pedaço desse pão temos o julgamento. O certo e o errado. Melhor e pior. Promovemos a polaridade. A corrupção. Me engana que eu gosto. Eu finjo que você faz e você finge que eu fiz. *Fake*. Para maquiar tudo isso: disciplina! A busca do controle, produzindo normas e padrões; uma competição de prestígios. Nenhum discurso teórico nos tranquilizará nos solavancos da ausência do sentido. Comemos nossas emoções para digerir esse pão. A hipocrisia é compartilhada e opiniões são vazias e sem fundamentos, por um único capricho: preencher um vazio. A parte que falta está dentro de você. E alguns vazios só serão preenchidos se você doar. É dando que se recebe. Dê o seu melhor, receba e revele-se.

Crítica 4
TEMOR AO SISTEMA, E FASCÍNIO TAMBÉM

What a wonderful world! Vamos tomar consciência dos efeitos desastrosos no sistema, em que somos corroídos pela ansiedade. O que mudou foi a relação com o tempo, com o hoje, com o presente. Um regime de emancipação e desagregação para vivermos conectados. Estamos presos nas mídias sociais. A precarização do emprego e do trabalho está estruturada no mínimo. Estamos condicionados a comportamentos e pensamentos externos, nas *#lives* que você curtiu. Elas estimulam o rápido e superficial, menosprezando o processo, a gestação e a fermentação do lento. Assim pessoas boas se tornam más, engolidas pelo sistema que se permitem viver. Opinião e representatividade importam, desde que o sistema que você acredita permita. Quer mudar o mundo? Comece dizendo a verdade para si mesmo. E escute com atenção tudo que descobrir sobre você. O sistema que te aprisiona é fascinante. Não tratar dos assuntos da vida não vai resolvê-los, vai apenas criar mais um sistema interligado do outro lado do reflexo do espelho. Hora de romper as barreiras e vivermos em um único sistema.

Crítica 5
O SENTIDO DA VIDA: O PENSAMENTO LIVRE

O preço da liberdade que estamos dispostos a pagar é inversamente proporcional à revelação do sentido da vida. Esse era o sentido de normalidade que tínhamos. Esforço e recompensa. Realizar, provocar e revelar. Permitir nesse sistema que o pensamento crítico floresça. Qual é o seu compromisso consigo mesmo? Tolerância e argumentação para o exercício do pensar. Estruturas da mente e cognição. Que a gestão moderna possa incluir em seus KPIs as emoções. O pensamento desenhado.

As inteligências múltiplas. A sabedoria de Jesus. Os acordes de Mercury. Os questionamentos de Platão. A estratégia de Margareth. A busca de Viktor. Nos proteger em Palmares. A autopercepção de Narciso. As faces de Ganesha. As certezas de Nelson. A lucidez de Davi. O gigantismo de Golias. A luta de Marielle e a capacidade de guardar as leis como Têmis. Dedicar o tempo do hoje para o exercício do pensar. Do agir. Formar. Educar e curar. Vamos cicatrizar juntos. Qual é o seu novo normal?

Crítica 6
DE VOLTA AOS NOSSOS LARES

Mercúrio é o planeta mais próximo do Sol e, por isso, o que dá a volta nele mais rápido. Por isso, na Grécia era chamado Hermes, o veloz mensageiro do Olimpo. Deus Mercúrio (na mitologia romana, associado também ao deus grego Hermes, é um mensageiro e deus da riqueza, da venda, lucro e comércio) se apaixonou pela ninfa Lara (na mitologia romana, associada à deusa grega Têmis, é a deusa do silêncio, guardiã dos segredos e juramentos) e a violou em sua caminhada para deixá-la na porta do inferno. Desse ato, Lara deu à luz a gêmeos, chamados de Lares.

Lares cresceram defendendo as famílias e as pessoas dentro de suas casas, impedindo que o mal entrasse. E o fogo marcava a presença deles ali. Esses deuses passam a ser cultuados no silêncio da casa, que traziam proteção e segurança à família com representação no fogo.

Por isso, chamamos nossas casas de lares. O local da casa para esse exercício é a lareira, a edícula.

"Eu sou o Lar da família que mora na casa donde me vistes sair. É esta a casa que eu habito já há muitos anos e é ela que eu tenho protegido, tanto para o pai, como para o avô, daquele mesmo que hoje a possui."

**(Aulularia — do dramaturgo romano
Tito Macio Plauto, 230-180 a.C.)**

Quando edificamos nossa razão social (*lares privati*), sob nossa pedra fundamental (instituidora do Estado de Jure: independente em princípio), também creditamos a Lares para nos proteger. O local da empresa para esse exercício é o *boardroom*.

Os colaboradores que se sentem em casa são aqueles que se sentem protegidos; e assim nos guardam, zelam.

São eles que transformam a empresa em lar.

Aqueles que não são creditados de proteção vão embora. A isso chamamos de *turn over*.

Pensamento crítico

Como você está gerindo seus lares?

Quando você fica em silêncio permite que seu prana (energia vital) se organize internamente, se comunique com você mesmo, assim, aprende a desenvolver a arte de respirar, pensar e falar: sem perder energia. É por isso que um momento de silêncio interno precede sempre um momento de criação ou *insight*.

O silêncio desenvolve o pensamento crítico. À medida que vamos vivendo os setênios, vamos compreendendo o silêncio e o quão fundamental é saber usá-lo para não nos calarmos e para encontrarmos a sabedoria. A prática de exercitar o silêncio é a meditação.

Silenciar é diferente de se calar.

Na semana que chegamos a 45 mil mortos pela pandemia da covid-19, nossa sociedade estava:

- **sufocada**: *"I can't breath"*, como George Floyd, antes de morrer asfixiado nos Estados Unidos;

- **calada**: *"cala a boca! Eu não perguntei nada"*, como Jair Bolsonaro, ao ser questionado sobre a saída do ex-ministro da Justiça Sérgio Moro.

Na retomada, queremos apenas voltar para casa.

Queremos encontrar nosso fundamento, nossa razão social.

De volta aos nossos lares.

6

Como se tornar a abelha rainha?

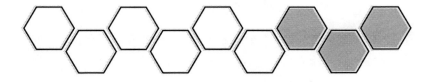

Abelhas rainhas ensinam.
Abelhas rainhas constroem.
Abelhas rainhas transformam.
Abelhas rainhas realizam.

A busca incessante pela verdade, de darmos tudo que tivermos.

Aceitar e receber.

Temos que desenhar uma nova forma de liderar para engajar as pessoas em seu propósito. Não é apenas ter tecnologia, mas preparar e redesenhar o papel de cada colaborador. A empresa deve resolver problemas do mundo real e atual, e não suposições e temáticas distantes da realidade. A tecnologia tem substituído trabalhadores braçais. Elevação na carreira do *expert thinking* e *complex communications* para unir as três inteligências (emocional, artificial e espiritual) e criar espaços colaborativos globais. Vamos aflorar ações de real significado e valor à comunidade. A cada ano que passa armazenamos o dobro de informações. Nossa história moderna é maior que a antiga. Cabe a nós avaliarmos o que precisamos guardar. E o que precisamos renunciar.

A NOVA LIDERANÇA

Seu sistema de trabalho prepara os colaboradores para o mundo atual? Ensinar, viver e trabalhar — o tripé do novo líder. O modelo de gestão deve permitir que o colaborador escolha os caminhos que tem interesse. A empresa deve unir família, escola, sociedade e carreira. Deve também levar em conta recursos disponíveis para a entrega do trabalho tanto quanto flexibilidade para adaptar diferentes metodologias para cada cenário, que mudará diariamente.A mudança contínua do planeta obriga o líder a ser um aluno todos os dias.

Aqueles que não conseguirem construir pontes do conhecimento serão percebidos como irrelevantes pelos colaboradores e liderados e experimentarão a evasão do processo de aprendizado e de produtividade. O novo líder quer experimentar a excitação pelo novo e o sentido das coisas que vê na internet, com múltiplas tarefas, funções e a facilidade com os efeitos da globalização.

AS TRÊS INTELIGÊNCIAS NA FORMAÇÃO DE NOVOS LÍDERES

No resgate de nossa essência e na retomada da gestão após a pandemia, na construção da nova identidade de gestão de pessoas e de negócios, emergiu-se a necessidade de atuarmos com o sincronismo das três inteligências: espiritual, emocional e artificial. Vamos aprofundar. Inteligência se estimula e se revela, e a sabedoria surgirá com o entendimento das inteligências.

Inteligência espiritual

Pensamentos formados para o uso do corpo, energia corporal e seleção dos pensamentos. Longe do esoterismo e perto das práticas de concentração e foco pleno. Utiliza-se da capacidade de transformar as pessoas, de dentro para fora, para que consigam tomar melhores decisões no seu dia a dia.

Ferramentas: *mindset*, atenção plena ou *mindfulness*, meditação e mentoria.

Não confunda com religião. Significado da palavra: religar--se a algo. Não buscamos na inteligência espiritual a religação com entidades divinas, buscamos alinhar o corpo e a mente. Não é um processo de exclusão, podemos inserir a religião, mas não é a premissa da inteligência.

Palavras-chave da inteligência espiritual: transformação, tomada de decisão, gratidão e ressignificar.

Inteligência emocional

O conhecimento não é estático, é dinâmico. E com isso as nossas emoções começam a fluir de nosso cérebro para o nosso corpo. Essa inteligência é a resposta da forma que articulamos, discutimos e sustentamos o nosso pensamento, reforçado pela nossa emoção.

Não confunda inteligência emocional com abraçar as pessoas, as árvores e demonstrar carinho ou se controlar em situações difíceis.

Ferramentas: *coaching*, *feedback*, avaliação de resultado e processos de mensuração.

Inteligência emocional é articulação, negociação, oratória. E utilizar sua influência nos momentos difíceis para manter o foco estruturado pela inteligência espiritual.

Palavras-chave da inteligência emocional: discutir, sustentar, liderar, revelar e talento.

Inteligência artificial

Usar as ferramentas tecnológicas em parceria com nossa inteligência para aprimorar a qualificação da informação e da expansão de seus fundamentos. Viralizar. Nessa inteligência precisamos colaborar para a transformação digital das pessoas e permitir que suas vidas sejam facilitadas pela tecnologia.

Ferramentas: machine learning.

Palavras-chave da inteligência artificial: alavancar, engajar, multiplicar, viralizar e influenciar.

As três inteligências se completam, se unem e edificam a razão social, estabelecidas na pedra fundamental. Nesse cenário moderno da construção do pensamento crítico, nascem práticas de gestão que acomodam esse novo formato: *expert thinking* e *complex communication*.

Expert thinking

O pensamento esperto, ou mesmo pensamento potencializado, é uma prática de exercitar o pensamento inteligente. Ele unifica a inteligência espiritual e a inteligência emocional para fomentar a qualificação na tomada de decisão. É produzido quando efetuamos reuniões que exploram o foco na construção de soluções e os impactos nos colaboradores e clientes. Buscamos o foco centralizado no cliente e nas soluções esperadas e não nos processos burocráticos que temos que fazer. Simplificar o complexo e manter o frescor no olhar do cliente.

Complex communication

A comunicação potencializada, e por vezes complexa, é a interligação da inteligência emocional com a inteligência artificial. Comunicar é um ato antigo da civilização. Fazer uma comunicação simples e clara continua sendo o nosso desafio contemporâneo.

Os aspectos que realizam a excelência da comunicação potencializada são:

a. Manter o foco nos pontos que controlamos (e não nos que não controlamos);

b. Mensuração constante e com perspectivas novas;

c. Canais de comunicação presenciais e digitais.

Vamos observar como as inteligências se manifestam em seu eu e de que forma elas contribuem para a solidificação de sua identidade.

Observe nos seus exercícios de fala os aspectos manifestados do *expert thinking* e *complex communication*. De que forma eles podem facilitar e agilizar o atingimento de suas metas?

7

O novo empreende-dorismo

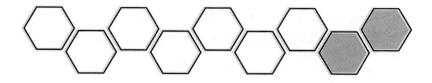

Empreender é dar vida à sua razão social em outras pessoas.

"Não é ansiando por coisas prontas, completas e concluídas que o amor encontra o seu significado, mas no estímulo a participar da gênese dessas coisas. O amor é à fim a transcendência; não é senão outro nome para o impulso criativo e como tal carregado de riscos, pois o fim de uma criação nunca é certo."

(*Amor Líquido* — Zygmunt Bauman, 1925)

Empreender é reencontrar o significado do amor. De fazer com verdade e propósito nosso dia a dia. Acreditar e investir seu dinheiro, seu tempo.

É estabelecer uma colmeia e a responsabilidade de todos que lá vivem. Empreender é empoderar o liderado. É fortalecer suas abelhas princesas.

Criar espaços para a reflexão.

Criar espaços de fala.

Criar diversidade.

Para conseguirmos esse crescimento, evitamos a dor e os problemas que o empreendedorismo traz. Por isso a alta taxa de mortalidade dos negócios, dos pensamentos confusos e o afastamento do crescimento. Cuidado com a ansiedade de ter sucesso antes de ser sucesso. Problemas e dificuldades são a alavanca, devem nos mover e não nos sabotar.

Empreender é empoderar o seu liderado. É engajar as pessoas que estão ao seu redor. *Stakeholder*, sócios, clientes, pessoas, todos que estão ao redor dessa razão social.

O processo de empreender é mais longo que o propósito de sua fundamentação. Mas o propósito é mais forte. Ele sobrevive.

O crescimento só virá se efetivarmos a razão social e se termos pessoas ao seu lado para exercer o aprendizado ensinando. Formar uma colmeia.

São sinais visíveis de encorajamento para que os outros saibam que podem realizar sua razão social.

Celebrar conquistas coletivas. Celebrar a coragem individual.

Tomar a decisão diária de querer seguir. Vencida essa jornada, está na hora de entender a integralidade das ações.

A LIDERANÇA INTEGRAL

Vivermos na integralidade, de forma inteira é o objetivo dessa prática. Integrar nossas verdades e essências em nosso escopo de trabalho. Exercermos uma liderança integral.

O modelo de gestão se revela de forma inteira e se integra às três inteligências e as ferramentas de *expert thinking* e *complex communication*, abrangendo a vida, o momento pandêmico que vivemos e as novas dificuldades que a sociedade enfrenta. O pensamento "deixe seus problemas lá fora antes de entrar para trabalhar" não cabe mais. A nova liderança tem a responsabilidade de integrar as problemáticas da vida e construir espaços para que todos possam manifestar seus anseios. Essa segurança de criar espaços é proveniente de ações fundamentadas e da clareza em que você reúne os aspectos da vida. Em processos de *coaching*, chamamos da Roda da Vida, um olhar macro sobre cada área de nossa vivência: saúde, espiritualidade, relacionamentos sociais, relacionamentos amorosos, educação e aprendizado, finanças etc. São as facetas que integram nossa vida.

A nova liderança integra essas facetas e transforma o lembrete dos "aniversariantes do mês" em espaços para a celebração da vida dessas pessoas.

Quão dispostos estamos para integralizar? Para olhar de perto as pessoas como são? Transpor a face de que tudo está bem?

O trabalho voluntário e a filantropia.

Quero estimular seu pensamento para o trabalho voluntário e para transformar a sociedade. Como um exemplo atual do que registro aqui. Quando trabalhamos com voluntariado e filantropia descobrimos o trabalho com seu real sentido de *ser*. Observamos as pessoas que trabalham e atuam, militam e fomentam, sem remuneração ou lucro. Essa é a evidência que temos e que é possível construirmos empresas com propósito claro. Reunir pessoas com o mesmo conjunto de crenças e valores, o dinheiro será efetivamente uma consequência das ações.

Na condição de presidente do conselho consultivo da Associação dos Destaques das Escolas de Samba do Estado de São Paulo (ADESP), percebo o real valor do trabalho do ser. A disposição dos voluntários em trabalhar "de graça", mas com um ganho enorme, a contribuição com uma sociedade melhor. Nossa associação preserva a memória do Carnaval de São

Paulo e apoia a economia criativa do carnaval, fomentando a cultura e a profissionalização desse espetáculo. Mais do que alguns dias da folia de Momo, construímos acesso e espaços para esses artesões por 360 dias no ano.

Importar-se com o outro. Compartilhar seu conhecimento. Contribuir com a força de um bloco. A instituição escola de samba é uma escola. E é formada por mais de 3 mil componentes e profissionais que nessa pandemia dependeram de ações sociais. Meu amigo Davi, sapateiro, Franco e seu ateliê de fantasias, Gemilson e sua arte em ferragem, Paulo Penacho e sua arte em penas... são tantas profissões e amigos engolidos por um novo momento. Como apoiá-los? Como suportá-los? Nossa atuação se mantém em defender leis e políticas para a nossa cultura ser perpetuada. Esse novo momento requer uma nova liderança. Novas práticas. Mas os mesmos fundamentos.

Legado

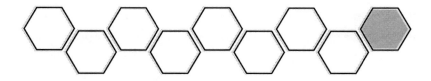

André Comte-Sponville, filósofo moderno francês, em seu livro *A felicidade, desesperadamente*, faz uma reflexão pela busca da felicidade na sabedoria. A felicidade desesperadamente é aquela felicidade que não esperamos, não planejamos e não desejamos. É uma felicidade em ato, que flui na vida e acontece na vida. A **felicidade desesperada** não espera nada, des-esperada, "Nada desejo do passado. Já não conto com o futuro. O presente me basta. Sou um homem feliz porque renunciei à **felicidade**".

Abelhas rainhas renunciam a felicidade projetada. Vivem o hoje, com intensidade e sabedoria. Transformam e deixam sua marca. Criam princesas e legados. E assim a vida continua. A dificuldade quando empreendemos é que alguém de nossos elos mais próximos se empodere de nosso projeto, de nossa empresa e continue o exercício da razão social. Legado é o termo que simboliza a continuidade de nosso trabalho, deixando nossa marca. E aqui começam o findamento e a renovação do ciclo de nossa colmeia.

NÚCLEOS DE TRABALHO

Lembre-se que as abelhas se dividem por tarefas e especialidades, garantindo aperfeiçoamento. Cada favo possui uma princesa, que carrega o legado da área e a capacidade de trabalhar. Carrega a disciplina e a competência de execução. A marca que queremos deixar para as pessoas está centrada na sua capacidade de aplicar os fundamentos em suas rotinas. Quando os colaboradores encontram em suas práticas o fundamento conseguem edificar a razão social. Assim devemos mensurar os fundamentos e as práticas. Por isso utilizamos indicadores de desempenho, como avaliações de desempenho, avaliações de competência e a partilha dos ganhos coletivos com bonificações. Será por meio da medição das ações que efetivaremos o ensinamento e por consequência o legado será criado.

AUTORIDADE E NOTORIEDADE

O tempo e o exercício da carreira e do empreendedorismo são os ingredientes para a construção do legado. Nos tornamos autoridade no que fazemos quando atingimos as metas, encontramos a linha de chegada, atravessamos a superação e conseguimos definir novos objetivos. Todos eles conectados pela pedra fundamental. A forma que buscamos, o objetivo da busca e a metodologia serão sempre alterados de acordo com a realidade que estamos expostos; o que não se altera são os princípios.

NÃO NEGOCIE PRINCÍPIOS, DEFENDA SUA CAUSA

Revogue suas verdades. Recicle sempre, mantenha-se ávido para aprender. Procure obter sabedoria e entendimento. A interdependência é o legado quando criamos elos efetivos, definitivos. A sociedade sobrevive no coletivo, nos molda e nos faz crescer. O isolamento nos corrói, afasta a inteligência e a oportunidade de ensinar. Toda vez que ensinamos, aprendemos mais.

Não devemos criar dependência das pessoas, de ferramentas, do periférico. Mas precisamos criar dependência de nosso fundamento, da nossa sabedoria. Fomentar o "SER" primeiro e depois o "TER"; essa é a fórmula do legado. O reconhecimento é chamado então de notoriedade.

O LUGAR DO CRESCIMENTO

O crescimento contínuo mora no desconforto, nos desafios, no confronto das verdades e na contínua transformação. A pandemia nos fez enfrentar nossas virtudes e nossos fundamentos. Separou os amadores dos profissionais e trouxe clareza do que cada um construiu ao longo de suas vidas. Em nossas empresas temos o mesmo desafio, transformar as pessoas e provocar o melhor de cada um, em cada tarefa e em cada momento.

O legado está no que todo mundo vê. Mas a transformação mora nos novos pensamentos.

"Importante não é ver o que ninguém nunca viu,
mas sim, pensar o que ninguém nunca pensou
sobre algo que todo mundo vê."

(Arthur Schopenhauer, 1788-1860)

AS COMPETÊNCIAS PARA O LEGADO

Critical Skills

As competências para o pensamento crítico agrupam: criatividade, colaboração, comunicação e inteligência emocional.

Literacy skills

As competências para a alfabetização agrupam: informação, mídia, tecnologia e inteligência artificial.

Life skills

As competências de vida agrupam: inteligência artificial, flexibilidade, liderança, produtividade e sociabilidade.

GESTÃO INTEGRAL

Integralidade. Ensinar e construir são tarefas diárias, despretensiosas de vaidade, enraizadas em nossas verdades, unificando diferentes. Para atingirmos mais pessoas, se faz necessário sermos inteiros e prepararmos as próximas gerações. Passarmos constantemente pela competência de alfabetização. Rever as inteligências: espiritual, emocional e artificial. Reconectar e ser inteiro, orgânico e utilizar as virtudes da inteligência emocional, o uso da inteligência artificial e o encontro com a inteligência espiritual.

As abelhas rainhas transformam a natureza. Revelam um enxame orquestrado. Constroem um jardim de flores. Multiplicam a vida. Nascem juntas, se transformam juntas e completam seus ciclos juntas.

É necessário unirmos nossos esforços, e não nos fracionarmos em departamentos. É necessária a sustentabilidade de nossas ações, para que tenhamos um futuro e uma continuidade. Devemos divergir o pensamento e convergir nossas ações. A nova liderança fomenta as diferenças e as integra. Um exercício maior que convencimento, mas de unificação.

Atravessar uma pandemia, nos moveu. Doeu. A ausência das pessoas que tiveram sua partida antecipada deixou uma memória e uma cicatriz.

Se atravessamos essa pandemia, temos a obrigação de construirmos uma sociedade mais saudável. Mais segura e próspera. Solidária.

A todos os amigos e leitores que contribuíram com esta trilogia: Mosca Branca, Libélula Negra e Abelha Rainha, a minha gratidão.

Você é a edificação de meu projeto, de meus fundamentos.

E a minha devolução à sociedade é com a Fundação do Instituto Filantrópico Raphael Chagas.

Namastê.

Pensamentos reflexões finais